Deutsch

Anneli Billina

Wanderung mit Finn

LEKTÜRE FÜR ERWACHSENE
MIT AUDIOS ONLINE

Hueber Verlag

Cover: © kieferpix – stock.adobe.com
Illustrationen: Jörg Saupe, Düsseldorf

Einen kostenlosen MP3-Download zu diesem Titel finden Sie unter
www.hueber.de/audioservice.

Sprecherin: Stefanie Dischinger
Hörproduktion: Scheune München mediaproduction GmbH

3. 2. 1. | Die letzten Ziffern
2028 27 26 25 24 | bezeichnen Zahl und Jahr des Druckes.
Alle Drucke dieser Auflage können, da unverändert, nebeneinander benutzt werden.
1. Auflage

Umschlaggestaltung: Sieveking Agentur, München
Layout und Satz: Sieveking Agentur, München
Verlagsredaktion: Heike Birner, Cornelia Kentmann, Hueber Verlag, München
Druck und Bindung: Friedrich Pustet GmbH & Co. KG, Regensburg
Printed in Germany
ISBN 978-3-19-588580-5

Art. 530_30376_001_01

Inhalt

▶ Das Hörbuch zur Lektüre und die Tracks zu den Übungen stehen als kostenloser MP3-Download bereit unter: www.hueber.de/audioservice.

01

Kapitel 1: Die Einladung

Neugierig nimmt Jan die Karte aus dem Briefkasten. In dicken Buchstaben steht da geschrieben:

> **Vor 15 Jahren haben wir unser Abitur gemacht!**
> **Das müssen wir feiern!**
> **Samstag, 21. Juli, 19 Uhr, in der „Alten Mühle"**
> **Wenn ihr kommen könnt, schreibt bitte eine kurze E-Mail an: urs.decker@hotmail.com**

Jan lacht leise. Typisch Urs! Er hat schon immer alle Partys organisiert und hat immer gewusst: Wo kann man einen Raum für eine Party mieten? Wo ist das Bier am billigsten? Kein Wunder, dass er nach dem Abi Eventmanagement studiert hat.

Ein Blick in seinen Kalender zeigt, dass er Samstagabend Zeit hat. Das wird toll, wenn er alle aus der alten Klasse einmal wiedersieht! Jan freut sich. Doch dann fällt ihm ein: Doris und Alexander kommen sicher auch. Einen kurzen Moment hat er ein Gefühl wie Magenschmerzen. Soll er wirklich zum Klassentreffen gehen?

Jans Smartphone klingelt, Felix aus seiner Abiturklasse ruft an.
„Hallo?", meldet sich Jan.
„Hi, Kumpel, was geht?", fragt Felix gut gelaunt. „Hast du auch die Einladung bekommen?"
Er wartet nicht auf Jans Antwort, sondern redet weiter: „Super Idee von Urs! Endlich mal wieder alle zusammen.
Was wohl aus den anderen geworden ist? Das von Doris und Alexander hast du gehört, oder?"

---

das Gefühl: das fühlt man

der Kumpel: (ugs.) Freund

Was geht?: (ugs.) Was ist los bei dir?

gut gelaunt: fröhlich

Wieder das komische Gefühl im Magen.
Langsam sagt Jan: „Nein, warum? Was ist los?"

Felix lacht kurz: „Was, du hast das nicht gehört? Ich habe gedacht, du und Doris, ihr wart doch immer so speziell ...

Unfreundlich unterbricht ihn Jan: „Na, was denn?"

„Ja, unser Traumpaar hat es nicht geschafft", meint Felix. „Seit einem halben Jahr sind sie geschieden. Das ist wirklich eine Überraschung. Stell dir vor, Alexander, der war doch in allem gut, in der Schule, im Studium, im Beruf, immer der Gewinner, und jetzt ..."

Jan hört gar nicht mehr zu, wie Felix redet und redet. Er weiß nicht, was er denken soll. Doris ist geschieden, wieder Single? Seine Doris? Seine beste Freundin, all die Jahre in der Schule? Sie war so wichtig für ihn, wichtiger als seine Geschwister. Mit ihr konnte er über alles reden, sie hat ihn immer verstanden, mit ihr konnte er Blödsinn machen, philosophieren – einfach alles.
Bis zur Abiturfahrt ... Da hatte sie plötzlich keine Zeit mehr für ihn, nur noch für Alexander. Die beiden sind Hand in Hand gegangen, haben sich geküsst, und Jan hat gedacht, er muss sterben, so unglücklich war er.

Später wollte Doris mit ihm darüber reden, doch er konnte nicht. Nicht einmal zur Abi-Party ist er gekommen. Er wollte die beiden nicht glücklich tanzen und feiern sehen. Das hat so wehgetan. Die ganzen 15 Jahre hatte er keinen Kontakt mehr zu Doris.

---

unterbrechen:	die Überraschung:	der Blödsinn:	küssen:
nicht fertig sprechen lassen	man hat nicht gedacht, dass es passiert	Quatsch	die Lippen berühren sich

Und am Samstag könnte er sie wiedersehen. Bei dem Gedanken wird Jan ganz nervös.

„Hey, Kumpel, bist du noch da?", hört er Felix' Stimme. „Äh, ja, ja! ... Ja, ich freue mich auch. Bis Samstag!", sagt er und beendet das Gespräch.

Keine Ahnung, was Felix gerade gesagt hat. Aber das ist jetzt auch nicht wichtig.

Wie sie wohl aussieht? Früher hatte sie kurze, lockige Haare, immer ein bisschen wild.

Eine Woche nach Schulanfang ist sie in die fünfte Klasse gekommen, weil ihre Eltern im Ausland gearbeitet haben. Als sie in der Klassenzimmertür gestanden hat, in Jeans und mit strubbeligen Haaren, hat er über sie gelacht und leise zu seinem Banknachbarn gesagt: „Die sieht ja aus wie ein Junge!"

Doch bald hat er sie toll gefunden, ihr Lachen und ihre direkte Art. Sie hat gesagt, was sie gedacht hat, und hatte keine Angst, nicht vor den Lehrern und auch nicht vor den älteren Schülern.

In dieser Nacht liegt Jan lange wach und ist mit seinen Gedanken in der Schulzeit.

---

der Gedanke: das denkt man

wild: nicht ruhig und geordnet

strubbelig: → S. 7

die Art: so ist und handelt jemand

▶ 02 Kapitel 2: Damals in der Schule

Am Anfang hat Doris ganz allein in der letzten Bank gesessen. Ein bisschen hat sie ihm leidgetan. Neu in einer Klasse sein, das ist nicht schön. Alles ist fremd, und alle schauen einen an.

Dann, in der ersten Pause, wollte sie am Kiosk etwas kaufen, doch immer hat sich einer vor sie gestellt. Auch Jan hat sich vor sie gedrängt und eine Butterbrezel gekauft. Die Butterbrezel in der Hand hat er sie angeschaut und gesagt: „Hier, für dich. Da ist heute viel los am Kiosk!"
Beide haben gelacht, und nach der Pause hat er sich neben sie gesetzt, egal, was die anderen Jungs gesagt haben. Das war dann jedes Jahr sein Platz, bis zum Abitur.

---

sich vor jemanden drängen: sich vor jemanden stellen, auch wenn kein Platz ist

Sie waren ein super Team. Jan hatte nie Probleme mit Mathematik und Physik, aber Doris war in diesen Fächern richtig schlecht.
Dafür war sie in Jans Augen super in Sprachen. Neue Wörter konnte sie sofort, nach einmal Lernen, und das Sprechen war auch kein Problem für sie.

Deshalb hat Jan in Englisch immer von Doris abgeschrieben, und sie dafür in Mathe und Physik von ihm.
Ihre Kommunikation hat über kleine Zettel stattgefunden. Das konnten sie so perfekt, dass die Lehrer es nie gesehen haben. Die Lösungen von ganzen Mathetests sind auf diesem Weg zu Doris gewandert, und Jan hatte jedes Jahr im Zeugnis in Englisch eine Drei.

Dann sind die Bilder von ihren Klassenfahrten in seinem Kopf. Zweimal waren sie mit der Klasse beim Skifahren, in der sechsten und in der siebten Klasse.
In Gedanken sieht sich Jan nachts leise aus dem Zimmer gehen, mit einer Taschenlampe in der Hand. Die anderen Jungs haben schon geschlafen.
Um Mitternacht wollten er und Doris sich treffen, in der kleinen Kammer am Ende vom Flur. Dort, zwischen all den Putzsachen und den Handtüchern, haben sie stundenlang geredet, bis zum Morgen. Dann sind sie vorsichtig zurück in ihre Zimmer geschlichen.

Aber in einer Nacht, da sind sie eingeschlafen ...

Um sechs Uhr hat plötzlich eine Frau vom Personal in der Tür gestanden. Sie hat das Licht angemacht und wollte frische Handtücher holen.

---

abschreiben: die Lösung von jemandem kopieren

Mitternacht: 12 Uhr nachts

die Kammer: sehr kleiner Raum

schleichen: ganz leise gehen

Zum Glück war sie nett und musste nur sehr über ihre verschlafenen Gesichter lachen.
„Jetzt aber los, lauft in eure Zimmer!", hat sie gelacht. „Und macht euch keine Sorgen, ich habe nichts gesehen."
Und wirklich: Zu den Lehrern hat sie kein Wort gesagt.

Doch die letzte Klassenfahrt ... Jan hatte sich so gefreut, er und Doris in Rom! Aber schon im Bus hat sich Alexander neben sie gesetzt, und Jan musste neben einem anderen Jungen sitzen, der die ganze Zeit etwas über Computerspiele erzählt hat.

Zuerst hat Doris noch öfter zu ihm geschaut und hat gelächelt.
„Tut mir leid", hat ihr Lächeln gesagt, „aber er hat sich so schnell neben mich gesetzt, ich konnte nichts dagegen tun!"
Dann hat er nur noch ihre Haare gesehen, und nach ein paar Stunden Busfahrt, als alle müde waren, hat er ihren Kopf gesehen, an der Schulter von Alexander, und sie hat geschlafen.

Nach der Busfahrt wollte Doris mit ihm reden, doch er konnte nicht. Es hat wehgetan, und seit dem Tag wollte Jan nicht mehr mit Doris allein sein.

---

verschlafen: noch müde

lächeln: ein bisschen lachen

▶ 03

Kapitel 3: Das Wiedersehen

So oft wie heute hat Jan schon seit Jahren nicht mehr sein Outfit gewechselt. Vielleicht das letzte Mal vor seinem letzten Bewerbungsgespräch.

Seit einer Stunde steht er vor seinem Kleiderschrank und probiert verschiedene Sachen an.
Jeans und ein T-Shirt mit einem lustigen Satz darauf?
Oder lieber ein sportliches Hemd?
Oder doch etwas eleganter, damit sie sieht, dass er mitten im Leben steht, dass er genug Geld verdient und auch teure Kleidung kaufen kann?

Am Ende zieht er einfach eine Jeans an, die er erst vor ein paar Tagen gekauft hat. Dazu seinen uralten Lieblingspulli? Der passt immer noch und Doris kennt ihn sicher noch. Aber vielleicht denkt sie dann, dass er immer noch der alte Jan ist ...

Langsam muss er los.

„Was soll's!" Jan macht die Schranktür zu und zieht ein rotes T-Shirt an, das neben ihm auf einem Stuhl liegt.

Er fährt sich mit den Fingern durch seine Haare und gibt im Bad noch etwas Parfüm an seinen Hals.
Hat er gestern Knoblauch gegessen? Puh, zum Glück nicht. Die Spaghetti „Aglio e Olio" waren vorgestern. Aber er steckt lieber noch einen Kaugummi in den Mund.

---

das Outfit: die Art der Kleidung (sportlich, elegant, ...)

Was soll's!: Egal!

Dann nimmt Jan sein Fahrrad und fährt zur *Alten Mühle*. Der frische Wind auf seinem Gesicht tut gut. Es ist ein bisschen kühl und er bringt Ordnung in seine Gedanken.

Noch einmal: Was soll's? Er sieht eine gute Freundin von früher wieder. Ja und? Sie hatte ihr Leben, und er hatte seins. Und nun werden sie sehen, wie viel sie sich noch zu sagen haben.
Vielleicht gibt es nur ein bisschen Small Talk:
„Und, wie war dein letzter Urlaub? Ach, ihr wart auf den Malediven? Das Meer dort ist ja fantastisch, und man kann wunderbar tauchen! Bla bla bla ..."
Oder sie sagen nur: „Hallo, wie geht's?", und das war's dann für den ganzen Abend. Alles möglich. Was soll's.

Vor der *Alten Mühle* parken viele Autos, auch einige wirklich große. „Da haben wahrscheinlich ein paar Leute Karriere gemacht!" Jan lächelt und schließt sein Fahrrad ab.

Er öffnet die Tür zum Gastraum. Drinnen ist es laut und warm. Jan bleibt stehen und schaut, wer alles da ist. Felix kommt zu ihm.
„Hi, Kumpel, da bist du ja!" Er klopft Jan auf den Rücken. „Ich hatte schon Sorge, dass du wieder nicht kommst. Wie damals bei der Abiturfeier. Aber heute ist Alexander ja nicht da!" Er lacht laut und Jan wünscht ihn zum Teufel.

„Ich hole mir mal ein Bier." Er geht an Felix vorbei Richtung Bar, und da sieht er sie. Doris sitzt mit dem Rücken zu ihm an einem Tisch, doch ihre strubbeligen Haare erkennt er gleich.
Sie spricht mit Anna, die aber gerade aufsteht und weggeht.

Jetzt. Jan holt einmal tief Luft und geht zu ihr. „Hallo, Doris."

---

tauchen: tief im Meer schwimmen

Karriere machen: einen sehr guten Job haben

zum Teufel wünschen: weit weg wünschen

erkennen: wissen, wer das ist

Doris schaut hoch und sieht ihn an. Ihre Augen strahlen.
„Jan. Da bist du ja."

Jan hört in diesem Satz: „Endlich. Ich habe so lange auf dich gewartet.", und ist plötzlich gar nicht mehr nervös.
Da steht er vor ihr, und beide sagen nichts, sehen sich nur an.
Schließlich sagt Jan: „Ich wollte mir gerade ein Bier holen. Möchtest du auch eins?"
„Ja, gern, danke. Aber du kommst sicher zurück?"
Jan lacht: „Ja, klar!"

---

hochschauen: nach oben schauen

strahlen: hier: sehr glücklich aussehen

▶ 04 # Kapitel 4: Wer ist Finn?

Mit den zwei Biergläsern in der Hand geht Jan zurück in Richtung Doris' Tisch.
Es dauert ein bisschen, denn überall hört er: „Hey, Jan, wie geht's?", „Schön, dass du da bist!", „Du bist doch Jan, oder? Mann, ist das lange her!"
Und unfreundlich möchte er dann doch nicht sein, auch wenn er eigentlich so schnell wie möglich zurück zu Doris will.

Endlich hat er es geschafft. Er setzt sich auf einen Stuhl neben sie und stellt das Glas vor sie hin. „Hier, Motte."
Ganz automatisch hat er ihren alten Kosenamen benutzt.
Erschrocken sieht er sie an.
„Entschuldige bitte! Ich wollte nicht ..."

Sie sieht ihn nicht an, als sie leise sagt: „Warum? Das ist schön. Es hat mir gefehlt, weißt du?"

Und dann sagen beide zur gleichen Zeit: „Aber jetzt erzähl mal!" Darüber müssen sie so sehr lachen, dass es plötzlich ganz einfach ist.

Sie reden und reden.
Jan erzählt von seinem Architekturstudium, dem Büro, das er sich mit einem Kollegen teilt, einem interessanten Projekt in Frankfurt, seinen Eltern, die jetzt beide nicht mehr arbeiten und immer auf Reisen sind, und von seiner großen Dachterrassenwohnung, die er mit viel Glück für wenig Geld kaufen konnte.

---

die Motte: kleines Insekt

automatisch: man denkt dabei nicht nach

der Kosename: ein Tiername für sehr gute Freunde

erschrocken: überrascht und etwas ängstlich

Und auch Doris erzählt.
Ein Romanistikstudium, ein Semester an der Universität *Sorbonne* in Frankreich, dann nach dem Examen eine Stelle in einem Schulbuchverlag.
Immer wieder Fernbeziehung zu Alexander, der mal im Büro in Hamburg, dann wieder in Singapur und manchmal auch in Peking arbeitet.
Ihre Träume von einem ruhigen Leben zusammen, in ihrer großen Villa, in der sich Doris meist sehr allein gefühlt hat.
Doch am Ende war ihm immer die Karriere am wichtigsten.

„Und jetzt seid ihr geschieden." Jan hat die ganze Zeit ruhig zugehört.

Plötzlich fragt Doris: „Und du? Hast du eine Freundin, oder bist du verheiratet?"

Jan schüttelt den Kopf.
„Nein, weißt du, irgendwie ... irgendwie ist die Richtige noch nicht gekommen. Ein paar Mal habe ich es versucht, aber ... es hat sich einfach nicht gut angefühlt."

Sie sieht ihn an und sagt nichts.

„Oh nein!" Doris sieht auf die Uhr. „Schon so spät! Ich muss dringend nach Hause. Ich habe dem Babysitter gesagt, dass ich spätestens um Mitternacht wieder da bin."

„Babysitter?" Jan versteht nicht.

---

der Verlag: dort macht man Bücher

die Fernbeziehung: die Partner wohnen an verschiedenen Orten

den Kopf schütteln: mit dem Kopf „nein" sagen

„Ja, Finn ist einfach noch nicht alt genug. Ich kann ihn nicht den ganzen Abend alleinlassen. Und er kennt das auch nicht, normalerweise bin ich ja immer da."

„Dann hast du ja etwas ziemlich Wichtiges noch nicht erzählt", meint Jan langsam. „Du hast – ihr habt einen Sohn?"

„Ja. Finn ist acht Jahre alt. Aber ich habe gedacht, du weißt das? Ich meine, du hast auch gewusst, dass ich geschieden bin."

„Seit gestern." Jan zuckt mit den Schultern. „Ich hatte eigentlich keinen Kontakt mehr zu den Leuten aus der Schule. Ich wollte am liebsten gar nichts wissen und ganz neu anfangen."

Beide schweigen und sehen auf die leeren Gläser vor ihnen. Dann steht Doris auf und sagt: „Ich muss wirklich gehen. Es war ein schöner Abend mit dir, Jan."

Er steht auch auf. „Ich bringe dich nach Hause. Oder bist du mit dem Auto da? Ich habe nur mein Fahrrad."

Doris lächelt. „Nein, ich bin zu Fuß da. Es ist nicht weit, oben am Auenberg."

„Schicke Adresse!" Jan lacht. „Komm, lass uns gehen."

---

mit den Schultern zucken: kurz die Schultern heben, was heißen soll: „Das ist so, ich kann das auch nicht ändern."

schweigen: nichts sagen

▶ 05
Kapitel 5: Wochenendpläne

Sie gehen zusammen aus dem Wirtshaus, und Jan holt sein Fahrrad.
In seinem Kopf ist Chaos. Er hat sich Doris so nah gefühlt, fast wie damals in der Schule. Das hat ihm große Hoffnungen auf mehr gemacht, jetzt, wo es in ihrem Leben keinen Alexander mehr gibt. Und er hatte das Gefühl, dass es ihr auch so geht.

Und nun ein Junge, acht Jahre alt.

Wenn sich Jan seine Zukunft vorgestellt hat, dann nie mit einem Kind! Kinder sind laut, wenn man schlafen will. Sie nerven, weil sie immer etwas brauchen. Stören, wenn man mit einer anderen Person sprechen will.
Selbst wenn es gut läuft, spielt man als erwachsener Mensch Spiele wie ein Idiot:
„Schau mal, hier kommt das schöne rote Auto, sooo schnell fährt das Auto, brumm, brumm!"

Kurz, für Jan war klar, dass er in seinem Leben keine Kinder haben möchte.

Jan öffnet das Schloss und schiebt langsam sein Fahrrad Richtung Straße. Hier steht Doris und wartet auf ihn.

„Schön, dass du mich nach Hause bringst. Ist doch ein ganzes Stück zu gehen."

„Was, du hast plötzlich Angst allein im Dunkeln?", lacht Jan.

---

die Hoffnung: man wünscht sich etwas

die Zukunft: das passiert später

sich etwas vorstellen: Bilder von etwas im Kopf haben

nerven: stören

Doris lacht auch. „Nein, es ist einfach ..." und nach einer kleinen Pause: „... langweilig."

Jan schiebt sein Fahrrad neben ihr her. Er schweigt.
Doris sieht ihn vorsichtig von der Seite an.
„Du bist enttäuscht, dass ich einen Sohn habe, nicht wahr?"

Das war wieder typisch Doris. Direkter ging's nicht.

Zuerst wollte Jan schon antworten: „Ach was, nein, das ist doch schön. Ich bin jetzt einfach nur ein bisschen müde, war ein langer Tag."
Doch dann sagt er einfach: „Ja. Weißt du, ich hab's nicht so mit Kindern."

Doris antwortet nicht. Nach einer Weile meint sie: „Eigentlich ist er gar nicht so schlimm. Also, eigentlich sogar ganz nett."

Jan lacht. „Hoffentlich hört dein Sohn nicht, wie begeistert du über ihn sprichst!"
„Auch eine Mutter kann die Dinge so sehen, wie sie sind! Weißt du was? Lass uns doch am Wochenende einen kleinen Ausflug machen, eine Bergwanderung. Dann lernst du ihn mal kennen."

„Und du versprichst mir, dass ich nie wieder etwas mit euch machen muss, wenn wir uns nicht mögen?"

„Versprochen!" Wie sie so vor ihm steht, mit ernstem Gesicht und der Hand auf ihrem Herzen, möchte er sie am liebsten in die Arme nehmen.

Aber er sagt nur: „In Ordnung. Wann fahren wir?"

---

enttäuscht: man hatte eine bessere Idee von etwas

begeistert: etwas ganz toll finden

ernst: ↔ lustig

„Nächsten Samstag? Hast du Zeit?"
„Okay. Wie lang kann dein Sohn denn wandern? Schafft er die Bernauer Hütte?" Jan hat wirklich keine Lust, ein Kind durch die Berge zu tragen.
„Ja, er ist fit, er spielt viel Fußball. Lass uns schreiben, wann genau wir starten."

Ein paar Minuten später sind sie am Auenberg angekommen. Teure Villen, große Gärten. Doris zeigt auf ein modernes Haus am Ende der Straße. „Da wohnen wir. Den Rest schaffe ich allein. Danke, Jan. Ich freue mich auf nächsten Samstag."
„Ich mich auch." Jan setzt sich auf sein Fahrrad und will losfahren.
Dann ruft er hinter ihr her: „Wie heißt er noch mal?"
„Wer?"
„Na, dein Sohn!"
„Finn!"
Doris winkt und geht weiter.

---

die Hütte: ein kleines Gasthaus in den Bergen

winken: mit der Hand „hallo" oder „tschüss" sagen

▶ 06

Kapitel 6: Unterwegs

Das also ist Finn.
Jan sieht durchs hintere Fenster von Doris' Auto blonde kurze Haare, als er seinen Rucksack in den Kofferraum legt.

Dann öffnet er die Tür rechts vorne und will gerade „Hallo, Finn!" sagen, da ruft es schon von hinten:
„Kannst du Fußball spielen? Und bist du lieber im Tor oder läufst du gut? Ich habe einen neuen Fußball bekommen, zum Geburtstag. Mit meinem Freund habe ich schon gespielt, aber der ist immer so langsam. Und, kannst du Fußball spielen?"

„Lass ihn doch erst einmal einsteigen, Finn!", sagt Doris, und zu Jan: „Hallo, Jan. Tut mir leid, dass wir ein bisschen spät sind. Ich habe Finns Wasserflasche nicht gefunden."
„Kein Problem. Hallo, Doris. Danke, dass ihr mich abholt. Und hallo, Finn, schön, dass wir uns kennenlernen. Ja, ich kann Fußball spielen, und früher war ich meistens im Tor."

Das geht ja gut los.
Einen kurzen Moment denkt Jan: ‚Ich konnte auch wieder aussteigen und ganz in Ruhe den Samstag verbringen.' Aber dann sieht er, dass Doris wirklich ein bisschen nervös ist, und sie tut ihm leid. Nein, der Kleine wird ihnen nicht den Ausflug kaputt machen!

Finn ist aufgeregt. Er redet ohne Pause, von seinem Freund, von der Schule, von der Lehrerin, bis Doris sagt: „So, Finn, jetzt wollen Jan und ich uns auch mal etwas erzählen. Wenn du magst, darfst du dein Hörspiel weiterhören."

---

der Kofferraum: für den Transport von Gepäck im Auto

das Tor: da steht ein Spieler und fängt den Ball

aufgeregt: nervös, aber auch froh

das Hörspiel: eine Geschichte zum Hören

„Habe ich zu viel geredet?" Ganz leise hat Finn das gesagt, und das tut Jan leid.
„Nein, Finn, ich wollte ja gern wissen, was du alles so machst. Aber dein Hörspiel ist sicher auch toll. Erzähl mir später, was alles darin passiert!"

Doris sieht ihn kurz von der Seite an. „Meinst du das ernst? Das könnte bis zur Hütte dauern!"
Zum Glück hört Finn das nicht mehr, er hat schon die Kopfhörer auf seinen Ohren.

„Redet er immer so gern?", fragt Jan.
„Nur, wenn er aufgeregt ist. Und er hat sich sehr auf den Ausflug gefreut. So etwas kennt er kaum, denn Alexander hatte nie Zeit dafür."

Jan antwortet nicht, und so ist jeder in Gedanken.
Nach einer Weile kommt von hinten: „Aber ihr erzählt euch ja gar nichts! Warum sollte ich dann Pause machen? Und das Hörspiel ist fertig."

Jan schaut nach hinten und meint: „Man kann auch etwas sagen, wenn man schweigt, weißt du?"

Finn denkt kurz nach. „Das ist aber langweilig. Wann sind wir endlich da? Ich muss auf die Toilette!"

„Da hast du aber Glück, denn hier sind wir!" Doris fährt auf einen Parkplatz und stellt das Auto ab. „Los, raus mit dir!"

---

der Kopfhörer: das setzt man auf den Kopf, wenn man etwas anhören möchte

die Weile: der Moment

„Puh, endlich!" Finn springt von seinem Kindersitz und klettert aus dem Auto. „Ich bin mal schnell hinterm Baum!"
„Alles klar!"
Doris holt die Rucksäcke aus dem Kofferraum und zieht ihre Bergstiefel an.
„In zwei Stunden sollten wir den Weg schaffen", meint Jan.
„Dann können wir auf der Hütte zu Mittag essen. Die haben einen wunderbaren Kaiserschmarrn!"

„Hm, Kaiserschmarrn könnte genug Motivation für Finn sein!", lacht Doris.
„Kaiserschmarrn?" Finn ist wieder da. „Das ist mein Lieblingsessen! Und ich habe schon so Hunger!"

„Dann gibt's aber zuerst ein Käsebrot. Wir haben ja genug Brote dabei. Magst du?"

Aber Finn läuft schon den Weg hoch, seinen kleinen roten Rucksack auf dem Rücken.
„Das Tempo wird er nicht durchhalten", sagt Jan.
„Dann rufe ich ihn zurück und er kann dir das Hörspiel erzählen!"
Doris grinst.
„Bloß nicht!", ruft Jan und hebt seine Hände. „Das wird ihm noch früh genug wieder einfallen!"

Jetzt müssen beide lachen. Sie laufen hinter Finn den Berg hoch, Seite an Seite, und es fühlt sich gut an.

---

klettern: hinunter-/ hinaufgehen und sich dabei festhalten

Kaiserschmarrn: süße Spezialität aus Österreich

durchhalten: etwas lange machen

grinsen: lächeln, weil man etwas komisch findet

▶ 07 Kapitel 7: Der Unfall

Jan hatte recht, lange hält Finn das Tempo nicht durch. Er wird immer langsamer.
„Sind wir bald da?", will er wissen.
„Das dauert noch eine Weile", meint Doris.
„Wie lang ist eine Weile?"
„Zum Mittagessen sind wir auf der Hütte."
Damit ist Finn erst einmal zufrieden, und langsam geht er weiter.

Doch immer, wenn etwas interessant ist, kommt seine Energie sofort zurück.
„Schau mal, wie hoch ich klettern kann!" Finn hängt an einem Felsen.
„Super, aber pass auf und halt dich gut fest!" Doris geht weiter, und Jan fragt: „Hast du keine Angst? Du bist aber cool!"
„Wenn ich bei seinen Aktionen auf dem Spielplatz jedes Mal Angst habe, dann habe ich bald graue Haare. Nein, er ist wirklich gut und weiß selbst am besten, was er kann."

An einem kleinen Bach machen sie Pause und setzen sich auf ein paar große Steine am Ufer. Jetzt ist das Käsebrot an der Reihe. Finn isst hungrig.
„Was für ein toller Baum!" Er zeigt auf die andere Seite, wo ein alter, großer Baum steht.
„Weißt du noch, Mami? Früher hast du mir immer erzählt, dass unter alten Bäumen Zwerge wohnen. Und die habe ich dann wirklich überall gesehen." Finn lacht.

---

der Felsen, der Bach, der Stein, das Ufer, der Zwerg: → S. 23

Jan schaut zu dem Baum hinüber, da sieht er am Himmel dicke Wolken, die immer größer werden. „Doris? Schau mal, da!"
„Meinst du die Wolken? Die sind aber noch sehr weit weg!"

„Schon, aber in den Bergen kann sich das Wetter sehr schnell ändern. Wir sollten lieber weitergehen. Dann sind wir wenigstens auf der Hütte, wenn es vielleicht wirklich Regen gibt."
„In der Wetter-App habe ich keinen Regen gesehen. Aber gut, lass uns gehen, sicher ist sicher. Dann kommt Finn auch schneller zu seinem Kaiserschmarrn!"

Der Weg wird immer steiler, und manchmal müssen sie beim Klettern ihre Hände zu Hilfe nehmen. Das gefällt Finn zuerst, und er will immer Erster sein.

---

steil: der Weg geht stark nach oben

Dann aber wird es heiß, die Sonne sticht, und die Mücken ärgern sie.
„Das ist wirklich ein Wetter wie vor einem Gewitter", meint Doris.

„Mami, ist denn die Weile immer noch nicht vorbei? Wann sind wir denn endlich da? Ich kann nicht mehr."
‚Das Wetter nervt, und jetzt auch noch Finn', denkt Jan. ‚Ich hab's doch gewusst.' Aber laut sagt er: „Wolltest du mir nicht von deinem Hörspiel erzählen?"

Sofort ist Finn wieder ganz bei der Sache. Er denkt nicht mehr an den Weg, begeistert erzählt er von seiner spannenden Geschichte. Dabei merkt er auch nicht, dass der Wind immer stärker wird und dass der Regen langsam beginnt.

‚So schnell geht das, dass ein Kind wieder ruhig und fröhlich ist', wundert sich Jan. ‚Eigentlich gar nicht so schwer ...'

„Wartet mal!" Doris packt aus ihrem Rucksack Finns und ihre Regenjacke aus. „Hast du nichts dabei, Jan?"
Jan sucht in seinem Rucksack. „Nur meine blaue Windjacke. Ich habe wirklich nicht gedacht, dass es regnet. Kommt schnell weiter, ich denke, wir haben es gleich geschafft!"

Jan geht vor den beiden und will um die nächste Kurve schauen. Er hofft, dass er dort vielleicht schon die Hütte sehen kann. „Autsch!", hört er Doris hinter sich. Erschrocken dreht er sich um. „Doris! Was ist los?"

---

stechen: hier: sehr heiß sein

die Mücke: kleines Insekt

sich wundern: etwas kaum glauben können

die Kurve: der Weg geht nach links oder rechts

Doris liegt auf dem Weg und hält ihren rechten Fuß mit beiden Händen. „Aua! Ich bin ausgerutscht."

„Mami, ist alles okay?" Finn will seiner Mutter helfen.
„Ich weiß nicht, mein Fuß ... Der tut richtig weh."
Doris will aufstehen, aber es geht nicht. „So ein Mist, das geht nicht. Es tut so weh! Ich kann nicht weitergehen!" Hilflos sieht sie Jan an.

„Ich nehme dich auf den Rücken. Zum Glück hast du ja noch keinen Kaiserschmarrn gegessen, da kann ich dich noch tragen", meint Jan. Doris hat Tränen in den Augen, muss aber lachen.
„Ach, ich bin viel zu schwer für dich. Wenn ich mich an dir und Finn festhalten kann, kann ich vielleicht doch weitergehen."

---

ausrutschen: hinfallen

So ein Mist!: das sagt man, wenn man sich sehr ärgert

hilflos: nicht wissen, was man tun kann

die Träne: Wasser in den Augen

„Mami, ich kann dich tragen!“, ruft Finn.
‚Der Junge ist wirklich lieb‘, denkt Jan, und zu Finn sagt er: „Finn, das ist wirklich zu schwer für dich.“ Zusammen helfen sie Doris hoch.

Doch schnell ist klar, dass Doris ihren rechten Fuß nicht benutzen kann. Jan nimmt sie auf den Rücken und meint: „Wenigstens wird jetzt mein Rücken nicht nass.“ Doch er schafft es nicht mehr, sie zum Lachen zu bringen.

Es regnet immer stärker. Finn trägt nun beide Rucksäcke, den von seiner Mutter hinten, seinen eigenen kleinen vorne.
„Kannst du das wirklich tragen, Finn?“, fragt Jan. „Ist das nicht zu schwer?“
„Ach was, das geht schon ... Ich bin doch stark“, meint Finn und atmet dabei schwer.
„Das machst du super, Finn“, sagt Jan. ‚Finn ist wie seine Mutter‘, denkt er. ‚Die ist in der Schulzeit auch in jeder Situation ruhig geblieben.‘

„Wie kann ich das bei dir gut machen?“, hört Jan leise neben seinem Ohr. Er konzentriert sich auf den Weg, der jetzt sehr nass ist.
„Du lädst mich zum Kaiserschmarrn ein, das ist ja wohl klar!“, keucht er und will Doris nicht zeigen, wie schwer sie ist.

Da, hinter dem grauen, nebligen Regen, können sie endlich die Hütte sehen!

---

schwer atmen: mit Mühe Luft holen

keuchen: stark atmen müssen und fast nicht sprechen können

▶ 08 Kapitel 8: Auf der Hütte

Jan setzt langsam einen Fuß vor den anderen. ,Zum Glück ist es nicht mehr weit!', denkt er. Das Regenwasser läuft über sein Gesicht, alles an ihm ist nass und verschwitzt.

Plötzlich ruft Finn: „Schaut mal, da kommt jemand!"

Tatsächlich: Von der Hütte kommt ein Mann auf sie zu.
„Der hat wohl gesehen, dass wir ein Problem haben", keucht Jan und bleibt stehen. Vorsichtig setzt er Doris ab, die auf einem Bein steht und sich an ihm festhält. So warten sie auf den Mann, der nach ein paar Minuten bei ihnen ist.

„Servus!", grüßt er freundlich. „Kann ich euch helfen?"
„Oh ja!", rufen alle drei.
„Na, dann beeilen wir uns, dass wir aus dem Regen kommen."
Routiniert nimmt der Mann Jan an den Händen. So kann Doris sich zwischen beiden Männern auf die Arme setzen und sich an ihren Schultern festhalten. Finn hat er auch noch den großen Rucksack abgenommen.

Es dauert nicht lange, bis sie an der Hütte ankommen.

An der Eingangstür steht eine ältere Frau mit freundlichem rundem Gesicht. „Ja, Sepp, wen bringst du denn da mit? Kommt schnell rein, ihr seid ja ganz nass!"

Bald hängen die nassen Sachen über einer Bank zum Trocknen, und Doris kann ihren Fuß hochlegen auf einen Stuhl und kühlen.

---

verschwitzt: man wird nass, weil man sich anstrengt oder weil es heiß ist

Servus: das sagt man für „hallo" in Bayern und Österreich

routiniert: er/sie hat das schon oft gemacht

Alle drei tragen viel zu große Hemden von Sepp und sehen sehr lustig aus. Besonders Finn muss sehr über seine Mama und Jan lachen.

Da sitzen sie, erleichtert, dass sie endlich auf der Hütte sind. Sie erzählen Sepp, dem Hüttenwirt, und Anni, seiner Frau, was passiert ist.

„Diesen Sommer macht das Wetter, was es will", meint Sepp. „Sogar der App kann man nicht immer glauben. Es kann so schnell gehen, dass das Wetter wechselt. Da habt ihr heute sogar noch Glück gehabt, dass es kein Gewitter ist!"

„Aber wie komme ich denn jetzt vom Berg wieder runter?", fragt Doris mit unglücklichem Gesicht.
„Wir bleiben einfach hier, Mami. Ich muss nicht unbedingt zur Schule gehen."

Alle lachen, und Jan denkt, dass ihm der Junge in seiner direkten Art immer besser gefällt. Sepp meint: „Ja, schon, aber deine Mama muss unbedingt zu einem Arzt. Also müsst ihr doch runter ins Tal."

„Aber zuerst essen wir einen Kaiserschmarrn! Das habt ihr versprochen!", ruft Finn.

„Klar, Finn, dafür muss Zeit sein. Ich kann dann deine Mama mit meinem kleinen Jeep zum Krankenhaus fahren. Aber ..." Sepp schaut Jan und Finn an, „... da passt neben dem Fahrer nur eine Person rein. Es tut mir leid, aber ihr beide müsst zu Fuß ins Tal

---

erleichtert: froh, dass eine schwierige Situation vorbei ist

der Wirt, die Wirtin: er/sie macht das Essen für die Gäste

das Tal: ↔ der Berg

gehen, wenn der Regen aufgehört hat. Aber jetzt gehe ich erst einmal in die Küche und mache einen Kaiserschmarrn für alle."

Anni steht auch auf. „Und ich koche euch einen Tee, das tut euch gut. Ruht euch aus."

Als die drei allein sind, sehen sie sich an. „Tja", sagt Jan langsam, „das haben wir uns alle ein bisschen anders gedacht, nicht wahr?"

Doris hat wieder Tränen in den Augen. „Es tut mir so leid, Jan, jetzt musst du mit dem Jungen allein runtergehen. Denkst du, ihr schafft das?"

Finn findet das alles nicht so schlimm.
„Das ist doch cool, Mami! Dann weiß ich nächste Woche endlich mal, was ich in Deutsch schreiben soll. Die Aufgabe ist immer: Was habt ihr am Wochenende erlebt? Normalerweise fällt mir da nichts ein. Und auf Jan passe ich schon auf, dass ihm nicht langweilig wird. Ich kann ihm ja noch ein paar Hörspiele erzählen."

Da muss Doris lachen. „Das war meine größte Sorge, dass Jan langweilig wird!"

Jan sagt nichts. Er hat ein bisschen Angst, die Verantwortung für den Jungen zu haben, den er immer noch kaum kennt. Aber er freut sich auch, dass er Doris helfen kann. Sie tut ihm leid.

‚Alles ist mit einem Kind viel schwieriger und komplizierter', denkt er. ‚Ein kaputter Fuß ist eigentlich schon schlimm genug.'

erleben: etwas Besonderes machen

die Verantwortung haben: auf jemanden/etwas aufpassen müssen

Aber er lächelt Doris an und meint: „Klar schaffen wir das, nicht wahr, Finn?"

In diesem Moment kommen drei große Teller mit Kaiserschmarrn, der so wunderbar duftet, dass die nächsten Minuten niemand etwas sagt.
So gut schmeckt es.

---

duften: gut riechen

▶ 09 Kapitel 9: Rückweg zu zweit

Besorgt sieht Jan Doris an. „Du bist ganz schön blass, Motte. Tut der Fuß so weh?"
Doris nickt. Ihren Kaiserschmarrn hat sie auch nur halb gegessen.
„Dann sollten wir jetzt wirklich ins Krankenhaus fahren. Ich frage Sepp, ob er fertig ist." Jan steht auf und geht in die Küche.

Ein paar Minuten später kommen sie zusammen zurück. Sepp hat schon den Autoschlüssel in der Hand.
„Die Hemden müsst ihr nicht ausziehen", sagt er. „Sie passen mir sowieso nicht mehr. Anni kocht zu gut! Und eure Sachen sind sicher noch nicht trocken."

So packen sie alles, was sie nicht mehr brauchen, in Doris' Rucksack. Dann tragen die beiden Männer sie wieder auf ihren Armen zu Sepps kleinem Jeep.

Jan und Finn winken dem Auto hinterher, das langsam und vorsichtig den steilen Weg hinunter ins Tal fährt. Da fühlt Jan plötzlich eine kleine Hand in seiner und blickt überrascht auf Finn hinunter. Der schaut ihn ernst an und fragt: „Meinst du, die im Krankenhaus können Mami schnell helfen? Und wir holen sie dann später ab und bringen sie nach Hause?"

„Natürlich. Im Krankenhaus wissen sie gleich, wie man deiner Mama am besten helfen kann. Sie wird sicher schnell wieder gesund. Wollen wir dann auch losgehen? Der Regen hat fast aufgehört."

---

besorgt: sich Sorgen machen

blass: weiß im Gesicht

nicken: mit dem Kopf „ja" sagen

Finn nickt. Sie holen ihre Sachen und Jan will bei Anni den Kaiserschmarrn und den Tee bezahlen.

„Ach was, ihr seid natürlich eingeladen. Nächstes Mal, wenn ihr kommt, dürft ihr gern zahlen, aber heute hattet ihr so einen schlimmen Tag. Guten Rückweg, ihr beiden!" Jan bedankt sich herzlich und sie gehen los.

Da ruft ihnen Anni nach: „Pass gut auf deinen Papa auf, Finn!" Finn dreht sich um und winkt ihr zu. „Die weiß gar nicht, dass du nicht mein Papa bist!", lacht er.
Dann wird er ernst. „Mein richtiger Papa macht so etwas nie mit mir. Der muss immer nur arbeiten, oder er ist gar nicht da. Und wenn er mal da ist, ist er müde, und ich muss leise sein."
„Hm", meint Jan. „Wahrscheinlich hat er eine sehr schwierige Arbeit."
„Aber du arbeitest doch auch und hast Zeit für eine Wanderung. Und wenn ich bei Mami bin, ist es eigentlich auch immer viel lustiger."

Was soll Jan darauf antworten? Doch gerade wird der Weg eng und steiler. Finn geht jetzt hinter Jan, und so können sie sich nicht weiter unterhalten.

Nach einer Weile wird der Weg wieder sehr steinig und Jan zeigt: „Schau mal, Finn, für deinen Weg suchst du dir am besten ganz stabile und sichere Steine. Auf die kannst du deine Füße setzen, denn sie rutschen nicht weg. Ich habe heute schon genug getragen!" Finn lacht, aber er macht es wie Jan und setzt seine Füße nur auf stabile Steine.

„Schau mal, Jan, ich laufe so sicher den Berg runter wie eine Gämse!"
„Toll machst du das", findet Jan und freut sich, dass der Junge so begeistert ist und alles richtig machen möchte.

Dann bleibt Finn stehen, etwas höher als Jan, auf einem großen Stein. „Du, Jan?"
„Ja?"
„Nimmst du mich vielleicht auch mal auf den Rücken? Nur so ein kleines bisschen? Bitte, bitte, bitte, ..." Finn hört gar nicht mehr auf, bis Jan lachen muss und ruft:
„Ja, ja, ich mache es ja, aber hör bitte mit dem ‚bitte' auf!"

Vorsichtig nimmt er den Jungen auf seinen Rücken, der glücklich ruft: „Ich reite, ich reite!"
„... auf einem Esel", ergänzt Jan und lacht. Aber Finn ist nicht schwer und Jan kann ihn leicht tragen. Auf der nächsten Wiese läuft Jan wie ein Pferd, das galoppiert, und Finn lacht laut.
„Jetzt kann ich nicht mehr!", keucht Jan und setzt den Jungen auf den Boden.

„Das macht so viel mehr Spaß als ins Restaurant zu gehen!"
„Was?", fragt Jan, der den Vergleich nicht versteht.
„Mit meinem Papa gehen wir am Wochenende immer nur ins Restaurant und essen. Das ist langweilig, und ich muss immer leise sein und ruhig auf meinem Stuhl sitzen."

„Ach, Finn." Jan sieht den Jungen an und lächelt. „Manchmal muss man eben auch leise sein. Man kann nicht immer nur Blödsinn machen. Und dann mach doch die Sachen, die dir Spaß machen, mit deinen Freunden. Oder deiner Mama. Oder mit mir."

„Das ist eine gute Idee." Finn schaut ihn an und lächelt, und Jan fragt sich überrascht: „Habe ich das gerade wirklich gesagt?"

---

eben: das bedeutet in einem Satz: das ist Realität, das muss man akzeptieren

▶ 10

Kapitel 10: Nach Hause

Als sie auf dem Parkplatz Doris' Auto sehen, ruft Finn aus: „Endlich sind wir da! Meine Füße tun auch schon weh."

Sie steigen ein, und auf dem Smartphone sucht Jan den Weg zum Krankenhaus im nächsten Ort. Es ist nicht weit, nur 20 Kilometer.

Dort folgen sie dem Schild „Notaufnahme / Emergency", und am Ende von einem langen Flur sehen sie Doris sitzen.

Finn läuft zu ihr. „Mami!" Sie nimmt ihn in die Arme. „Wow, du hast aber einen dicken Fuß! Wir sind ganz gut zusammen runtergegangen, und Jan hat mir gezeigt, wie ich ganz sicher gehen kann. Wie eine Gämse bin ich gelaufen, und dann ..."

„Pause, Finn, Pause!", meint Jan. „Jetzt lass doch erst einmal deine Mama erzählen. Du hast dann noch die ganze Autofahrt Zeit!" Er schaut Doris an. „Und, wie geht's dir, Motte? Was hat der Arzt gesagt?"

„Dass ich Glück hatte. Der Fuß ist nicht gebrochen. Aber ich muss sechs Wochen lang diese Schiene tragen. Elegant, nicht wahr?" Doris zeigt auf ihren Fuß, der in einer riesigen schwarzen Schiene steckt.
„Und ich darf am Anfang nur mit Krücken gehen. Keine Ahnung, wie ich das machen soll. Das Haus, Finn, meine Arbeit ..." Unglücklich sieht sie Jan an.

---

gebrochen: kaputtgehen, in zwei oder mehr Teile

die Schiene, die Krücke: → S. 36

riesig: sehr groß

„Lass mal, jetzt bringe ich euch beide erst einmal nach Hause. Dann kannst du immer noch in Ruhe über alles nachdenken."

die Schiene die Krücke

Langsam humpelt Doris zu ihrem Auto. Jan hilft ihr ins Auto und sagt charmant: „Darf ich mich um den Job als dein neuer Fahrer bewerben?"
„Da hast du aber in den nächsten Wochen viel zu tun!", antwortet Doris und sieht schon nicht mehr ganz so unglücklich aus.

Auf der Rückfahrt redet Finn pausenlos und erzählt seiner Mutter alles, was er und Jan gemacht und gesagt haben.
Das passt Jan ganz gut. So kann er seine Gedanken sortieren.

---

humpeln: nicht richtig gehen können

charmant: sehr höflich

Wie war das bei ihrem Wiedersehen, erst vor einer Woche? So enttäuscht war er, dass Doris einen Sohn hat. Sie hat ihm versprochen, dass er nie wieder etwas mit ihnen machen muss, wenn Finn ihn auf dem Ausflug zu sehr nervt.

Und jetzt?

Gerade denkt er daran, wie er Doris in den nächsten Wochen helfen kann. Dass er in dieser Zeit auch viel mit Finn zu tun haben wird, stört ihn plötzlich gar nicht mehr. Wenn er wirklich ehrlich ist, freut er sich sogar darauf.

Plötzlich merkt er, dass es im Auto ganz still geworden ist. Finn und Doris sind eingeschlafen.

‚So fühlt sich also Familie an.' Jan lächelt. ‚Eigentlich gar nicht so schlecht!'

---

ehrlich sein: sagen oder denken, was wahr ist

still: es ist ruhig, man hört nichts

zu Kapitel 1

1. **Was ist richtig? Kreuzen Sie an.**

a Jan bekommt eine Einladung
- 1 ○ zu der Geburtstagsfeier von Felix.
- 2 ○ zu einem Klassentreffen.
- 3 ○ von Doris und Alexander.

b Felix sagt, dass Doris und Alexander
- 1 ○ ein Traumpaar sind.
- 2 ○ immer eine spezielle Freundschaft hatten.
- 3 ○ seit einem halben Jahr geschieden sind.

c In der Schule war Doris Jans beste Freundin,
- 1 ○ weil er mit ihr über alles sprechen konnte.
- 2 ○ aber seine Geschwister waren für ihn noch wichtiger.
- 3 ○ doch seit 15 Jahren hat er nicht viel Kontakt zu ihr.

d Jan freut sich auf das Klassentreffen,
- 1 ○ weil er Felix wiedersehen möchte.
- 2 ○ weil er Doris toll findet.
- 3 ○ weil er Doris wiedersehen möchte.

▶ 11 2. **Wie beschreibt Jan Doris als Schülerin? Hören Sie und korrigieren Sie die Fehler.**

Früher hatte sie ~~lange~~ kurze glatte Haare, immer sehr ordentlich. Als sie vor der Klassenzimmertür gestanden hat, hat er über sie gelacht und laut zu seinem Banknachbarn gesagt: „Die sieht ja aus wie eine Dame!" Doch später hat er sie toll gefunden, ihre Gedanken und ihre vorsichtige Art. Sie hat gesagt, was sie gehört hat, und hatte oft Angst ...

1. **In welcher Reihenfolge erzählt Jan aus der Schulzeit? Ordnen Sie die Sätze und finden Sie die Lösung.**

E ◯ Im Unterricht waren sie beide ein super Team.
W ① Doris hat Jan leidgetan.
S ◯ In der sechsten und siebten Klasse waren sie beim Skifahren.
E ◯ Die Frau vom Personal hat kein Wort zu den Lehrern gesagt.
E ◯ Beim Englischtest hat Jan immer von Doris abgeschrieben.
I ◯ In der Pause hat er Doris eine Butterbrezel gekauft.
H ◯ In einer Nacht sind sie in der kleinen Putzkammer eingeschlafen.
N ◯ Auf die Fahrt nach Rom hatte sich Jan so gefreut.
D ◯ Doris war super in Sprachen.
R ◯ Doris und Jan konnten perfekt über kleine Zettel kommunizieren.
E ◯ Um Mitternacht haben Doris und er sich getroffen.

Lösung:

1	2	3	4	5	6	7	8	9	10	11
W										

2. **Ergänzen Sie die fehlenden Buchstaben.**

a Jan hat sich am Kiosk vor Doris gedr....ngt.
b Ihre Kommunikation hat über kleine Zettel sta.... ....gef....nden.
c Sie haben st....n....enl.... ....g geredet, bis zum Morgen.
d Die Frau vom Personal hat über ihre verschlafenen G....sich....er gelacht.
e Alexander hat sich im Bus nach Rom neben Doris ges....t....t.
f Doris hat öfter zu Jan gesch.... ....t und gel.... ....elt.
g Doris' Kopf war an der Sch.... ....er von Alexander.

zu Kapitel 3

1. Welches Wort passt? Ergänzen Sie.

Karriere • Schranktür • Kleiderschrank • Rücken • Kleidung • Ordnung • Luft • Haare

a Jan steht vor seinem .... und probiert verschiedene Sachen an.
b Vielleicht soll er sich elegant anziehen, damit Doris sieht, dass er teure .... kaufen kann?
c Jan macht die .... zu.
d Er fährt sich mit den Fingern durch seine ....
e Es ist kühl und Jan bringt .... in seine Gedanken.
f Die großen Autos zeigen, dass ein paar Leute wahrscheinlich .... gemacht haben.
g Doris sitzt mit dem .... zu Jan an einem Tisch.
h Jan holt einmal tief ....

2. Was ist richtig, was falsch? Kreuzen Sie an.

	r	f
a Jan zieht das Outfit von seinem letzten Bewerbungsgespräch an.	○	○
b Jan zieht ein T-Shirt an, das an der Schranktür hängt.	○	○
c Leider hat er gestern Knoblauch gegessen.	○	○
d Jan steht an der Tür zum Gastraum und Felix kommt zu ihm.	○	○
e Jan ärgert sich über Felix.	○	○
f Zwischen den vielen Leuten erkennt er Doris nicht gleich.	○	○
g Jan geht zuerst an die Bar und holt sich ein Bier.	○	○
h Doris freut sich sehr, Jan zu sehen.	○	○
i Jan spricht mit Doris und ist nicht mehr nervös.	○	○
j Jan holt für sich und für Doris Bier.	○	○

▶ 12 **1. Was passt zusammen? Hören Sie und verbinden Sie.**

a Ganz automatisch
b Und dann sagen beide zur gleichen Zeit:
c Hast du eine Freundin,
d Ich habe dem Babysitter gesagt,
e Aber ich habe gedacht,

1 du weißt das?
2 „Aber jetzt erzähl mal!"
3 oder bist du verheiratet?
4 hat er ihren alten Kosenamen benutzt.
5 dass ich spätestens um Mitternacht wieder da bin.

2. Wer sagt was? Notieren Sie D (Doris) oder J (Jan).

a „Hier, Motte." ....
b „Es hat mir gefehlt, weißt du?" ....
c „Und jetzt seid ihr geschieden." ....
d „Ich muss dringend nach Hause." ....
e „Er kennt das auch nicht, normalerweise bin ich ja immer da." ....
f „Dann hast du ja etwas ziemlich Wichtiges noch nicht erzählt." ....
g „Ich bringe dich nach Hause." ....

3. Was hat Doris seit dem Abitur gemacht? Ergänzen Sie die Wörter aus dem Kasten.

allein • Semester • geschieden • Fernbeziehung

a Sie hat Romanistik studiert und war für ein .... an der *Sorbonne* in Frankreich.
b Sie hatte immer wieder eine .... zu Alexander.
c In ihrer großen Villa hat sich Doris meist sehr .... gefühlt.
d Alexander war immer die Karriere am wichtigsten, deshalb sind Doris und er jetzt ....

zu Kapitel 5

1. **Jan hat ein paar Fragen. Ergänzen Sie.**

a .... fahren wir?

b .... kann dein Sohn denn wandern?

c .... heißt er noch mal?

2. **Was ist richtig? Kreuzen Sie an.**

a In Jans Kopf ist Chaos, weil ...

1 ○ Doris sich noch Hoffnungen auf Alexander macht.
2 ○ er jetzt weiß, dass Doris ein Kind hat.
3 ○ er sein Fahrrad nicht findet.

b Jan hat sich seine Zukunft nie mit einem Kind vorgestellt,

1 ○ denn Kinder brauchen immer etwas.
2 ○ denn sie spielen komische Spiele.
3 ○ denn er möchte lieber allein leben.

c Doris fragt Jan:

1 ○ „Hast du Angst im Dunkeln?"
2 ○ „Bist du ein bisschen müde?"
3 ○ „Bist du enttäuscht, dass ich einen Sohn habe?"

d Doris möchte am Wochenende einen Ausflug machen,

1 ○ dann kann Jan Finn kennenlernen.
2 ○ dann kann Jan Finn durch die Berge tragen.
3 ○ dann wird Finn fit für sein Fußballtraining.

e Doris will mit Jan schreiben,

1 ○ wo sie am Auenberg wohnt.
2 ○ wann genau sie starten.
3 ○ wohin sie wandern.

zu Kapitel 6

1. Ergänzen Sie die Sätze mit den Verben in der richtigen Form.

a Jan .... seinen Rucksack in den Kofferraum. (legen)
b Er .... die Autotür und will „Hallo, Finn!" sagen. (öffnen)
c „Lass ihn doch erst einmal ...., Finn!", sagt Doris. (einsteigen)
d Finn hat .... sehr auf den Ausflug .... (freuen)
e „Aber ihr .... euch ja gar nichts!" (erzählen)
f Finn .... von seinem Kindersitz und klettert aus dem Auto. (springen)
g Doris .... ihre Bergstiefel .... (anziehen)

▶ 13 **2. Was passt zusammen? Hören Sie und verbinden Sie.**

a	Mit meinem Freund habe ich schon gespielt,	1	denn Alexander hatte nie Zeit dafür.
b	Ja, ich kann Fußball spielen,	2	und stellt das Auto ab.
c	So etwas kennt er kaum,	3	seinen kleinen roten Rucksack auf dem Rücken.
d	Man kann auch etwas sagen,	4	aber der ist immer so langsam.
e	Doris fährt auf einen Parkplatz	5	wenn man schweigt.
f	Finn läuft schon den Weg hoch,	6	und es fühlt sich gut an.
g	Dann rufe ich ihn zurück	7	und er kann dir das Hörspiel erzählen!
h	Sie laufen Seite an Seite,	8	und früher war ich meistens im Tor.

zu Kapitel 7

1. Was passiert wann? Ordnen Sie die Sätze und nummerieren Sie.

a ○ „Wir sollten lieber weitergehen."
b ○ Der Wind wird immer stärker und der Regen beginnt.
c ○ Schnell ist klar, dass Doris ihren rechten Fuß nicht benutzen kann.
d ① An einem kleinen Bach machen sie Pause und setzen sich auf ein paar große Steine.
e ○ Da, hinter dem grauen, nebligen Regen, können sie endlich die Hütte sehen!
f ○ Doris liegt auf dem Weg und hält ihren rechten Fuß mit beiden Händen.
g ○ Jan schaut zu dem Baum hinüber, da sieht er am Himmel dicke Wolken, die immer größer werden.
h ○ „Zum Glück hast du ja noch keinen Kaiserschmarrn gegessen, da kann ich dich noch tragen."
i ○ Es wird heiß, die Sonne sticht, und die Mücken ärgern sie.
j ○ Jan nimmt Doris auf den Rücken.
k ○ Finn denkt nicht mehr an den Weg, begeistert erzählt er von seiner spannenden Geschichte.
l ○ Finn trägt nun beide Rucksäcke, den von seiner Mutter hinten, seinen eigenen kleinen vorne.

2. Welches Wort passt? Ergänzen Sie.

Tränen • Felsen • Gewitter • Zwerge

a „Schau mal, wie hoch ich klettern kann!" Finn hängt an einem ....
b „Früher hast du mir immer erzählt, dass unter alten Bäumen .... wohnen."
c „Das ist wirklich ein Wetter wie vor einem ...."
d Doris hat .... in den Augen.

▶ 14 **1. Welche Wörter sind falsch? Hören Sie und korrigieren Sie die Fehler.**

Von der Hütte

~~Vom Tal~~ kommt jemand auf sie zu. Schnell setzt Jan Doris ab, die auf einem Fuß steht und sich an ihm festhält. So warten sie auf den Mann, der nach ein paar Stunden bei ihnen ist. „Beeilen wir uns, dass wir aus der Sonne kommen." Routiniert nimmt der Mann Jan an den Füßen. So kann Doris sich zwischen beiden Männern auf die Hände setzen und sich an ihren Köpfen festhalten.

2. Was jetzt? Kreuzen Sie die richtige Antwort an.

a Doris ist unglücklich,
  1 ○ weil sie nicht weiß, wie sie wieder ins Tal kommen soll.
  2 ○ weil sie noch keinen Kaiserschmarrn bekommen hat.
  3 ○ weil es kein Gewitter gibt.

b Finn meint,
  1 ○ dass er seine Mama ins Krankenhaus fahren kann.
  2 ○ dass er keine Zeit für Kaiserschmarrn hat.
  3 ○ dass sie am besten auf der Hütte bleiben.

c Jan denkt,
  1 ○ dass er gern die Verantwortung für Finn hat.
  2 ○ dass alles mit einem Kind viel komplizierter ist.
  3 ○ dass ihm allein mit Finn sehr langweilig wird.

zu Kapitel 9

1. Wer sagt was? Kreuzen Sie an.

	Finn	Jan
a „Du bist ganz schön blass, Motte."	○	○
b „Sie wird sicher schnell wieder gesund."	○	○
c „Der muss immer nur arbeiten, oder er ist gar nicht da."	○	○
d „Toll machst du das."	○	○
e „Das macht so viel mehr Spaß als ins Restaurant zu gehen!"	○	○
f „Manchmal muss man eben auch leise sein."	○	○

2. Was ist richtig? Kreuzen Sie an.

a Jan steht auf und geht in die Küche,
1 ○ weil er noch mehr Kaiserschmarrn möchte.
2 ○ weil er Sepp holen möchte.

b Jan und Finn winken dem Auto hinterher
1 ○ und Finn nimmt Jans Hand.
2 ○ und Finn möchte auch gleich losgehen.

c Sie müssen bei Anni nichts bezahlen,
1 ○ weil es so ein schlimmer Tag für sie war.
2 ○ weil sie nichts gegessen und getrunken haben.

d Finn bleibt auf einem großen Stein stehen
1 ○ und möchte auf einem Esel ins Tal reiten.
2 ○ und möchte, dass Jan ihn auf den Rücken nimmt.

e Finn erzählt von seinem Papa,
1 ○ dass der ihn immer auf den Rücken nimmt.
2 ○ dass er am Wochenende mit ihm immer nur ins Restaurant geht.

f Jan sagt zu Finn,
1 ○ dass er gern lustige Sachen mit ihm machen kann.
2 ○ dass er im Restaurant leise sein soll.

zu Kapitel 10

1. Welches Wort passt? Ergänzen Sie.

Schiene • nachdenken • Krankenhaus • Rückfahrt • Familie • Gämse • Gedanken • Flur • Krücken • Auto

a Auf seinem Smartphone sucht Jan den Weg zum ………… im nächsten Ort.
b Am Ende von einem langen ………… sehen sie Doris sitzen.
c Finn erzählt, dass er wie eine ………… gelaufen ist.
d Doris muss sechs Wochen lang eine ………… tragen.
e Am Anfang darf sie nur mit ………… gehen.
f Zu Hause kann Doris in Ruhe ………….
g Jan hilft Doris ins ………….
h Auf der ………… redet Finn pausenlos.
i Jan sortiert seine ………….
j So fühlt sich also ………… an.

2. In welcher Reihenfolge passiert das? Ordnen Sie die Sätze und finden Sie die Lösung.

E ◯ Dort sitzt Doris am Ende von einem langen Flur.
N ◯ Wenn Jan ehrlich ist, freut er sich auf die Zeit mit Finn.
F ◯ Jan bringt die beiden erst einmal nach Hause.
A ◯ Doris erzählt Jan, dass sie sechs Wochen eine Schiene tragen muss.
N ① Im nächsten Ort fahren Jan und Finn gleich zum Krankenhaus.
A ◯ Im Auto denkt Jan, dass er Doris in den nächsten Wochen viel helfen möchte.
G ◯ Finn und Doris sind im Auto eingeschlafen.
U ◯ Finn erzählt seiner Mutter von dem Weg den Berg hinunter.
N ◯ Sie weiß nicht, wie sie alles schaffen soll, wenn sie auf Krücken gehen muss.

Lösung:

1	2	3	4	5	6	7	8	9
N								

LÖSUNGEN

Kapitel 1
1. a 2, b 3, c 1, d 3
2. ~~glatte~~ lockige, ~~sehr ordentlich~~ ein bisschen wild, ~~vor~~ in, ~~laut~~ leise, ~~eine Dame~~ ein Junge, ~~später~~ bald, ~~ihre Gedanken~~ ihr Lachen, ~~vorsichtige~~ direkte, ~~gehört~~ gedacht, ~~oft~~ keine

Kapitel 2
1. 3, 1, 7, 10, 5, 2, 9, 11, 4, 6, 8
Lösungswort: WIEDERSEHEN
2. a gedrängt, b stattgefunden, c stundenlang, d Gesichter, e gesetzt, f geschaut, gelächelt, g Schulter

Kapitel 3
1. a Kleiderschrank, b Kleidung, c Schranktür, d Haare, e Ordnung, f Karriere, g Rücken, h Luft
2. *richtig:* d, e, h, i, j; *falsch:* a, b, c, f, g

Kapitel 4
1. a 4, b 2, c 3, d 5, e 1
2. *Doris:* b, d, e; *Jan:* a, c, f, g
3. a Semester, b Fernbeziehung, c allein, d geschieden

Kapitel 5
1. a Wann, b Wie lang, c Wie
2. a 2, b 1, c 3, d 1, e 2

Kapitel 6
1. a legt, b öffnet, c einsteigen, d sich ... gefreut, e erzählt, f springt, g zieht ... an
2. a 4, b 8, c 1, d 5, e 2, f 3, g 7, h 6

Kapitel 7
1. 3, 6, 9, 1, 12, 7, 2, 8, 4, 10, 5, 11
2. a Felsen, b Zwerge, c Gewitter, d Tränen

Kapitel 8
1. ~~jemand~~ ein Mann, ~~Schnell~~ Vorsichtig, ~~Fuß~~ Bein, ~~Stunden~~ Minuten, ~~der Sonne~~ dem Regen, ~~Füßen~~ Händen, ~~Hände~~ Arme, ~~Köpfen~~ Schultern
2. a 1, b 2, c 2

Kapitel 9
1. *Finn:* c, e; *Jan:* a, b, d, f
2. a 2, b 1, c 1, d 2, e 2, f 1

Kapitel 10
1. a Krankenhaus, b Flur, c Gämse, d Schiene, e Krücken, f nachdenken, g Auto, h Rückfahrt, i Gedanken, j Familie
2. 2, 8, 6, 4, 1, 7, 9, 3, 5
Lösungswort: NEUANFANG